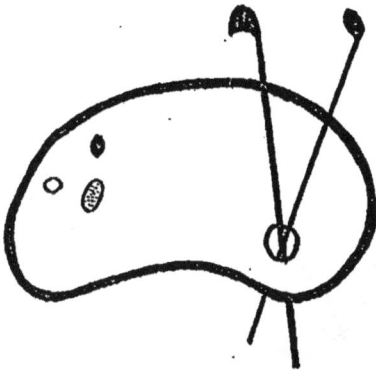

ORIGINAL EN COULEUR
NF Z 43-120-8

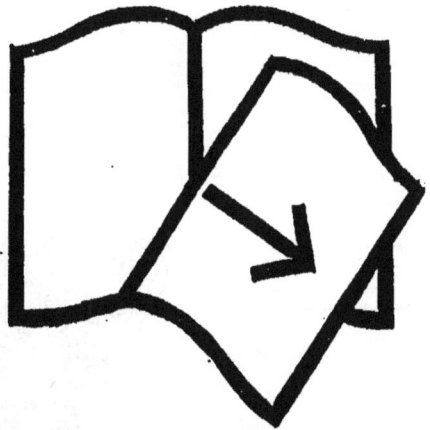

Couverture inférieure manquante

LE POITOU

AU CONSEIL D'ÉTAT

DU 1ᵉʳ OCTOBRE 1663 AU 31 DÉCEMBRE 1664

PAR

A. DE LA BOURALIÈRE

VANNES

IMPRIMERIE LAFOLYE

—

1894

LE POITOU

AU CONSEIL D'ÉTAT

Du 1ᵉʳ Octobre 1663 au 31 Décembre 1664.

L'IMMENSE dépôt des archives nationales, à Paris, contient des parties qui sont encore à peu près inexplorées et recèlent cependant des renseignements très précieux pour l'histoire de nos provinces. C'est ainsi qu'il possède les minutes originales des arrêts de l'ancien Conseil d'Etat, mine précieuse, mais dont la richesse même est faite pour inspirer un certain effroi au travailleur. Ce fonds comprend en effet plusieurs centaines de volumes. Il se divise en deux séries principales : 1° la collection formée par les secrétaires du conseil, qui est la plus considérable par le nombre des arrêts et qui contient spécialement les affaires de finances ; 2° la collection formée par les secrétaires d'État, moins volumineuse, mais plus importante en général par la matière. Il y a aussi les archives du Grand Conseil et celles du Conseil privé, qui constituent des séries distinctes des pré cédentes. Ayant eu à faire dans ces derniers temps une recherche limitée entre le 1ᵉʳ octobre 1663 et le 31 décembre 1664, nous avons entrepris pour cette période le dépouillement des deux premières collections et relevé au passage tous les arrêts concernant le Poitou. Il nous a paru de quelque utilité de ne pas laisser perdre le fruit de cette besogne longue et fatigante, qui peut mettre certains de nos confrères sur la voie de documents intéressant leurs études, et nous donnons le sommaire de ces arrêts qui s'élèvent au nombre de 92 pour une durée de quinze mois.

Nous commençons par la première collection qui nous a présenté plus de vingt-cinq volumes à parcourir et nous a fourni plus grande partie de notre butin.

1663

8 octobre. — Arrêt concernant Antoine Mouton, chargé du recouvrement des taxes sur les greffes, etc., dans la Généralité de Poitiers. — E 367ᴬ, n° 24.

8 octobre. — Arrêt sur la requête des officiers de l'élection de Châtellerault et autres élections du royaume, au sujet de leurs attributions. — E 367ᴬ, n° 43.

8 octobre. — Arrêt en faveur de Guillaume Allegrain, intéressé aux Aides des élections de Niort et des Sables, qui avait demandé un délai pour payer ses créanciers. — E 367ᴬ, n° 82.

27 octobre. — Arrêt concernant le conflit de juridiction entre les Trésoriers de France à Poitiers et le lieutenant général de Poitiers, au sujet de la saisie de la vicomté d'Aunay. — E 367ᴬ, n° 61.

8 novembre. — Arrêt sur la requête du duc de la Rochefoucauld, réclamant aux receveurs généraux des finances 2000 livres pour les intérêts des avances faites par son père, gouverneur de Poitou, dans le service du roi aux descentes des Anglais. — E 367ᴮ, n° 10.

24 novembre. — Arrêt sur la requête du fermier général des Aides, se plaignant de n'avoir pas été payé par son sous-fermier des Aides de l'élection de Niort et des Sables, nommé Morel. — E 367ᴮ, nº 14.

24 novembre. — Commission donnée par le roi à Odo du Pont pour procéder à la réformation générale des forêts du Poitou — E 367ᴮ, nº 51.

24 novembre. — Arrêt concernant Nicolas Rubert, fermier des Aides de Niort et des Sables. — E 367ᴮ, nº 55.

1ᵉʳ décembre. — Instance entre demoiselle Claude de la Chambre, héritière de Claude Collot, son premier mari, et Nicolas Chantar, ancien receveur triennal et quatriennal des Aides de la Généralité de Poitiers. — E 368ᵁ, nº 10.

1ᵉʳ décembre. — Arrêt sur la requête présentée par dame Françoise Tiraqueau, veuve de Charles de Beaudéan, comte de Neuillant,... receveur des consignations de Niort, Poitiers, Châtellerault, Fontenay, Saint-Maixent, Angoulême, au sujet d'une saisie faite sur un de ses fermiers de la Vallée-Bruslin. — E 368ᴬ, nº 37.

5 décembre. — Arrêt concernant les gages de la maréchaussée du duché de Thouars. — E 368ᴬ, nº 13.

29 décembre. — Arrêt concernant la ville de Poitiers ayant refusé le paiement des Aides. — E 369ᴬ, nº 8.

29 décembre. — Arrêt concernant Louis Plissot, sieur de Massilly, au sujet de la charge de procureur du roi dans l'élection de Poitiers qu'il a achetée de François Guillot, sieur de la Forest. — E 368ᴮ, nº 67.

1664.

5 janvier. — Arrêt sur une contestation entre les sous-fermiers des Aides des élections de Poitiers et de Châtellerault. — E 369ᴬ, nº 11.

17 janvier. — Arrêt rétablissant René Citoys dans l'office d'Élu de Poitiers. — E 369ᴬ, nº 41.

17 janvier. — Arrêt concernant les Élus de Poitiers supprimés, dont les finances n'avaient pas été liquidées. — E 369¹, n° 76.

30 janvier. — Arrêt concernant l'usurpation du droit de banvin par des gentilshommes de la Généralité de Poitiers. — E 369¹, n° 54.

9 février. — Arrêt sur une sédition des habitants de Niort refusant de payer les droits des cinq grosses fermes. — E 369ᴮ, n° 5.

19 février. — Arrêt concernant le paiement d'un droit de huitième payé par certains habitants de Boisbaudry et Maison-Neuve, tantôt à l'élection de Niort, tantôt à celle de Richelieu. — E 369ᴮ, n° 5.

21 février. — Arrêt concernant la gestion d'Aimable Bitton, receveur général des finances en la Généralité de Poitiers. — E 369ᴮ, n° 27.

21 février. — Arrêt sur une requête présentée par un habitant de la paroisse d'Ardin et un autre de la paroisse de Bezelent (élection de Niort), au sujet de leurs taxes. — E 369ᴮ, n° 53.

1ᵉʳ mars. — Arrêt pour faire exécuter les diminutions de tailles accordées à la Généralité de Poitou. — E 370¹, n° 8.

6 mars. — Arrêt sur la requête de François Guillot, président de l'élection de Poitiers, fixant les attributions des divers officiers de l'élection. — E 370¹, n° 33.

13 mars. — Arrêt sur le procès entre l'ancien fermier général des Aides de France et Nicolas Rubert, qui avait pris à bail de 1660 à 1664 les Aides des élections de Niort et des Sables. — E 370¹, date susdite, n° 19, et 29 mars 1664, n° 39.

13 mars. — Arrêt contre les habitants des Sables, qui s'étaient opposés à la perception des droits des cinq grosses fermes. — E 370¹, n° 20.

29 mars. — Arrêt sur le procès entre la ville de Paris et Paul Agroué, sieur d'Anjugé, receveur des tailles de l'élection de Fontenay-le-Comte. — E 370ᴬ, nᵒ 42.

3 avril. — Arrêt ordonnant que le fermier général des Aides sera payé par la dame de Neuillant des droits d'Aides pour les vins vendus au château de Niort. — E 370ᴮ, nᵒ 41.

3 avril. — Arrêt concernant les asséeurs collecteurs de Saint-Genest d'Ambière. — E 370ᴮ, nᵒ 89.

3 avril. — Arrêt concernant Martin Arnoult, lieutenant particulier élu en l'élection de Poitiers, relatif au paiement de son office. — E 370ᴮ, nᵒ 92.

3 avril. — Arrêt concernant les impositions de Saint-Germain, élection de Fontenay. — E 370ᴮ, nᵒ 93.

3 avril. — Arrêt concernant une révolte des habitants de Niort contre les gardes des cinq grosses fermes. — E 370ᴮ, nᵒ 105.

17 avril. — Instance devant le Conseil entre Philipes Agroué, sieur de la Tourtelière, assesseur en l'élection de Fontenay-le-Comte, et Etienne Robert et Paul Agroué, sieur de Dauguge (*sic*), receveur des tailles en ladite élection. — E 370ᴮ, nᵒ 18.

17 avril. — Instance devant le Conseil entre Louis Pellisson, sieur de Massilly, ex-procureur du roi alternatif en l'élection de Poitiers, et François Guillot, sieur de Laforest, président en ladite élection. — E 370³, nᵒ 32.

24 avril. — Arrêt concernant l'usurpation du droit de banvin par quelques gentilshommes de Poitou, notamment par Charles de Mesnard de Toucheprès, sgr de Pouzauges. — E 370³, nᵒ 10.

24 avril. — Arrêt concernant Nicolas Filleau, receveur quatriennal des consignations de la Cour ordinaire et présidial de Poitiers. — E 370ᴮ, nᵒ 22.

24 avril. — Arrêt enjoignant au greffier du siège royal de Fontenay-le-Comte de délivrer au mandataire de Th. Bousseau une somme de 2200 livres, montant de l'amende à laquelle avait été condamné, pour usurpation de noblesse, Claude Lanois, sieur du Pinier, demeurant au bourg dè Pissot, par arrêt de la Cour des Aides du 16 mars 1663, par arrêt du Conseil du 20 juin 1663 et par le rôle arrêté au Conseil le 5 février 1664. Lanois avait été élargi, après la déposition de cette somme, par ordonnance du 5 avril 1664 délivrée par le sieur de la Nerbonnière, commis pour l'exécution des ordres du roi dans la Généralité de Poitiers en l'absence de M. Colbert. — E 370ᴰ, n° 33.

24 avril. — Arrêt concernant Louis Brunot, président de l'élection de Fontenay-le-Comte, héritier de Gabriel Brunot, ancien élu de ladite élection. — E 370ᴰ, n° 97.

24 avril. — Arrêt pour le paiement des gages de Louis Pommeraye, l'un des élus supprimés en l'élection de Thouars. — E 370ᴰ, n° 138.

3 mai. — Arrêt ordonnant qu'une sentence des élus de Châtellerault, qui avaient nommé d'office des asséeurs-collecteurs de tailles dans la paroisse de Saint-Genest, soit exécutée nonobstant l'arrêt de la Cour des Aides. — E 371ᴬ, n° 8.

3 mai. — Arrêt sur la requête présentée par Jean Pinet commis à la recette générale des finances de Poitiers, qui avait intenté pardevant M. Pellot, ex-commissaire départi en la Généralité de Poitiers, un procès aux habitants de la Rochelle pour l'incendie et le pillage de sa maison. — E 371ᴬ, n° 9.

3 mai. — Arrêt sur la requête présentée par Denis Miraillet, commis à la recette des tailles des Sables-d'Olonne, qui, étant allé dans la paroisse de Beaulieu pour réclamer l'arriéré des tailles de 1660, avait été reçu à coups de fusil par les habitants dont un fut tué, et avait intenté une poursuite contre quelques-uns de ces habitants, notamment contre Jean Chabot, sieur de la Richardière. — E 371ᴬ, n° 10.

8 mai. — Arrêt concernant le vol fait par un religieux de l'abbaye de Chambon d'un cheval appartenant à un commis de la recette des Aides de l'élection de Thouars. — E 373ᴀ, nᵒ 4.

8 mai. — Arrêt sur un conflit entre le fermier général des Aides de France et les Trésoriers de France de la Généralité de Poitiers. — E 371ᴀ, date susdite, nᵒ 13, et 15 mai 1664, nᵒ 22.

15 mai. — Arrêt sur une plainte portée par le fermier général des Aides de France contre les officiers de l'élection de Fontenay-le-Comte. — E 371ᴀ, nᵒ 5.

20 mai. — Arrêt concernant les sommations faites par Jean Pinet, chargé du recouvrement des deniers du roi dans la Généralité de Poitiers en 1664, au sieur Antoine Duflos, receveur général des finances, d'avoir à lui présenter ses quittances. — E 371ᴮ, nᵒ 44.

20 mai. — Arrêt sur la requête de François Lefranc, propriétaire des offices de receveurs et payeurs quatriennaux des gages et droits des Trésoriers de France de Paris et Poitiers, au sujet de ses gages. — E 371ᴮ, nᵒ 52.

28 mai. — Arrêt sur la requête présentée par Pierre Charrien, sieur de Filambert, commissaire ancien et quatriennal des saisies réelles en la sénéchaussée de Fontenay-le-Comte, au sujet de ses démêlés avec le sieur Ant. de la Farge. — E 371ᴮ, nᵒ 5.

28 mai. — Arrêt concernant la succession de Thomas Bonneau, conseiller secrétaire du roi, auquel il était dû 30 600 livres, à cause des acquits de l'épargne dont il était porteur, ladite somme payable sur les 68 000 livres de l'imposition de la Généralité de Poitiers pour les années 1660, 1661 et 1662. — E 371ᴮ, nᵒ 7.

28 mai. — Arrêt sur la requête de Louis Darragon, avocat du roi au bureau des finances de Poitiers au sujet de ses gages. — E 371ᴮ, nᵒ 23.

28 mai. — Arrêt sur la requête de la ville de Fontenay-le-Comte pour la reconstruction du pont de la porte des Loges. — E 371ᴮ, nᵒ 52.

18 juin. — Arrêt sur la requête faite par Claude Léonnard, receveur et payeur ancien des gages et droits des Trésoriers de France de la Généralité de Poitiers, au sujet de ses gages. — E 372ᴬ, nᵒ 18.

26 juin. — Arrêt concernant le procès intenté au sieur de Touchelonge, ayant assassiné un huissier employé au recouvrement des tailles de l'élection de Poitiers. — E 372ᴬ, nᵒ 18.

4 juillet. — Arrêt concernant Nicolas Filleau, receveur quatriennal des consignations de Poitiers, et les plaintes portées contre sa gestion. — E 372ᴮ, nᵒ 58.

4 juillet. — Arrêt concernant Richard dit Ricordeau, qui avait déchargé un mousqueton sur le sergent venu pour lui notifier sa nomination de collecteur des tailles dans l'élection des Sables. — E 372ᴮ, nᵒ 65.

10 juillet. — Arrêt concernant Anne Tibaudeau, veuve de Louis Guilbaud, sieur de la Cochetière, porte-épée de parement du roi, qui se prétendait, en raison de l'office de son mari, exempte des impositions auxquelles voulaient la taxer es collecteurs des Sables. — E 372ᴮ, nᵒ 17.

10 juillet. — Arrêt concernant Guillaume Allegrain, intéressé aux Aides des élections de Niort et des Sables, pour faire proroger les poursuites de ses créanciers. — E 372ᴮ, nᵒ 18.

10 juillet. — Arrêt sur la requête de Pierre Le Duc, receveur des tailles en 'lection de Niort, réclamant 6000 livres au sieur Bitton, receveur général des finances de Poitiers. — E 372ᴮ, nᵒ 26.

16 juillet. — Arrêt sur la requête de Philippe de la Trémouille, grand sénéchal de Poitou,... touchant ses droits sur les navires entrant ou sortant des Sables et de la Chaulme. — E 372ᶜ, nᵒ 91.

23 *juillet*. — Arrêt nommant Louis Darragon, deuxième avocat du roi au Bureau des finances de Poitiers.—E 372ᶜ, nᵒ 8.

23 *juillet*. — Arrêt concernant la liquidation des comptes de Claude du Flos, receveur des finances à Poitiers de 1649 à 1655. — E 372ᶜ, nᵒ 13.

31 *juillet*. — Arrêt concernant Jacques Viaud, sieur de Bois-regnard, collecteur des tailles en 1664 dans la paroisse de Beauvoir (élection des Sables), se plaignant d'avoir été mal-traité par un contribuable. — E 372ᶜ, nᵒ 5.

8 *août*. — Arrêt du Conseil du roi pour les ventes de 1665 dans les prêts du Poitou. — E 373ᴬ, nᵒ 61.

8 *août*. — Arrêt contre Jean de Bion, chargé de recouvrer l'impôt des subsistances et quartiers d'hiver en 1637, qui avait de sa propre autorité ordonné une surimposition de 3 sols par livre dans les Généralités de Limoges et de Poitiers. — E 373ᴬ, nᵒ 112.

8 *août*. — Arrêt contre les héritiers du sieur Chauveau, commis à la recette générale du taillon de la Généralité de Poitiers. — E 373ᴬ, nᵒ 113.

21 *août*. — Arrêt sur le placot des sieurs Routte et La Gre-nade, gardes du corps du roi, qui voudraient établir un bateau sur la Sèvre entre la Nipvois et la Grève. — E 373ᴬ, nᵒ 43.

2 *septembre*. — Arrêt sur la demande des héritiers de Jean Frogier, élu en l'élection de Thouars. — E 373ᴮ, nᵒ 26.

2 *septembre*. — Arrêt concernant la succession Dorat et les sommes réclamées par ses héritiers à l'élection de Poitiers. — E 373ᴮ, nᵒ 31.

2 *septembre*. — Arrêt du Conseil du roi accordant à la ville de Fontenay-le-Comte mainlevée de saisies faites par le com-mis du fermier général des Aides de France sur les deniers

provenant de l'imposition faite sur les contribuables aux tailles de ladite élection, imposition que le roi avait accordée à la ville de Fontenay tant en compensation du retranchement de ses octrois que pour le paiement des dettes des habitants de cette ville « qui, depuis plusieurs années, ont été tellement accablez de tailles, subsides, passages et logemens de gens de guerre et de taxes extraordinaires qu'ils ont été contraints de païer de temps en temps en différentes rencontres, qu'ils ont esté nécessitez pour y subvenir d'emprunter des sommes notables de deniers ». — E 373ᴮ, n° 32.

10 septembre. — Arrêt sur des habitants de Mouilleron (élection des Sables) ayant voulu s'opposer à la vente des vins faite par les commis du fermier des Aides. — E 373ᴮ, n° 40.

27 septembre. — Commission donnée par le roi à Jean Pinet pour remplir les charges de receveur général des finances de la Généralité de Poitiers et de receveur particulier des tailles des élections de ladite Généralité. — E 373ᴬ, n° 33.

2 octobre. — Arrêt sur la demande présentée par les Trésoriers de France à Poitiers pour leurs gages de 1655. — E 374ᴬ, n° 64.

2 octobre. — Arrêt concernant Jean Lefebvre de Villaroche, receveur général du taillon dans la Généralité de Poitiers de 1640 à 1642. — E 374ᴬ, n° 94.

22 octobre. — Arrêt sur la requête présentée par Guillaume Alegrain, intéressé aux Aides des élections de Niort et des Sables-d'Olonne en 1660 et 1661. — E 374ᴮ, n° 24.

22 octobre. — Arrêt sur les requêtes présentées par Claude Regnault, ci-devant fermier des élections de Poitiers et des Sables-d'Olonne, et Gabriel Villars, ci-devant fermier général des Aides de France. — E 374ᴮ, n° 27.

6 novembre. — Arrêt du Conseil du roi enjoignant aux sieurs du Féron et de Lorbrie de satisfaire aux paiements stipulés par le contrat qu'ils ont passé le 5 novembre 1661 avec Thomas Bousseau pour le recouvrement des amendes prises sur les usurpateurs de noblesse. « Sur ce qui auroit esté représenté au Roi en son conseil par Mᵉ Thomas Bousseau, chargé de la recherche et poursuitte contre les usurpateurs de noblesse, en exécution des Déclarations de Sa Majesté, qu'ayant soustraitté du recouvrement des amandes qui proviendraient de la recherche et condamnation desdits usurpateurs dans l'estendue de l'élection de Poittiers avec Gabriel de Fonteneau, sieur du Féron, et Philippes Argroué, sieur de Lorbrie, pour la somme de cent mil livres et des deux solz pour livre de la dicte somme, à la remise de quatre solz trois deniers pour livre dudit recouvrement..... » — E 374ᶜ, nᵒ 29.

6 novembre. — Arrêt du Conseil du roi sur la requête d'Henry-François Valet, commis au recouvrement des restes dus en l'élection de Fontenay-le-Comte. — E 374ᶜ, nᵒ 64.

6 novembre. — Arrêt du Conseil du roi sur la requête présentée par Jean Chapelain, huissier au Bureau des finances de la Généralité de Poitiers, concernant les plaintes portées contre lui par un de ses prisonniers, le sieur Danthonet. — E 374ᶜ, nᵒ 93.

13 novembre. — Arrêt du Conseil du roi défendant aux manufacturiers de draps et étoffes diverses du pays de Poitou de frauder en allongeant leurs étoffes à l'aide de poulies ou d'autres engins. — E 374ᶜ, nᵒ 45.

10 décembre. — Arrêt sur la réclamation des habitants de Poitiers demandant la continuation de l'abonnement du droit de huitième du vin vendu au détail, s'élevant à 2 600 livres, dout ils jouissent depuis soixante ans — E 375ᴬ, nᵒ 81.

10 décembre. — Arrêt concernant les prévarications de quelques officiers de l'élection de Poitiers, notamment des sieurs Clabat et Charton. — E 375ᴬ, nᵒ 135.

10 décembre. — Arrêt concernant Isaac Berthon, sieur de

la Chappelle, receveur des consignations de la ville de Châtellerault. — E 375ᴬ, nᵒ 139.

10 décembre. — Arrêt sur le procès entre les habitants des
Sables-d'Olonne et de Saint-Nicolas de la Chaume, d'une
part, et un marchand de la Rochelle et autres intéressés d'un
navire hollandais. — E 375ᴬ, nᵒ 146.

13 décembre. — Arrêt du Conseil du Roi sur un différend
entre Michel Rousseau, chargé du recouvrement des deniers
dus et des « revenans bons » du Roi et les receveurs des
tailles de l'élection de Poitiers. — E 374ᴬ, nᵒ17.

13 décembre. — Arrêt enjoignant au sieur Colbert, maître
des requêtes, commissaire départi en la Généralité de Poitiers, de répartir les tailles de l'élection de Poitiers pour l'année 1665 et l'autorisant à faire une diminution de dix mille
livres. — E 375ᴮ, nᵒ 27.

24 décembre. — Arrêt par lequel la taille des habitants de
Parthenay qui s'élevait à 8500 livres est abaissée à 1000 liv.
— E 375ᴮ, nᵒ 20.

24 décembre. — Arrêt concernant la ville de Niort, qui
avait demandé à ne pas payer la moitié des octrois et deniers patrimoniaux réclamée par le fermier des Aides. —
E 375ᴮ, nᵒ 27.

31 décembre. — Arrêt pour le sieur Pérault, adjudicataire
du domaine de Poitiers. — E 375ᴮ, nᵒ 45.

31 décembre. — Arrêt établissant des bureaux pour la
levée des droits d'entrée et de sortie des marchandises dans
le duché de Thouars.— E 375ᴮ, nᵒ 71.

La seconde collection des arrêts du Conseil d'Etat, celle
qui a été formée par les secrétaires d'Etat, nous a donné dix
volumes à dépouiller et ne nous a rendu que les quatre
arrêts suivants:

1663

22 octobre. — Arrêt pour diminuer de 30.000 livres les impositions de la Généralité de Poitiers pour l'année 1664, en faveur des paroisses qui en auront le plus besoin. — P 1720.

28 décembre. — Arrêt concernant l'exécution des ordonnances de M. Colbert, maître des requêtes sur le fait des religionnaires de Poitou, pour qu'ils représentent les titres en vertu desquels ils prétendent avoir droit d'exercice public de la R. P. R., collèges et écoles, cimetières et lieux où maintenant ils font ledit exercice public. — E 1719, f° 183.

1664

12 mai. — Arrêt évoquant devant le Conseil l'affaire des Réformés de Saint-Maixent, qui ont célébré des mariages en carême. — E 1724, n° 77.

28 octobre. — Arrêt ordonnant au lieutenant criminel du présidial de Poitiers de continuer les poursuites commencées par lui au sujet du duel qui a eu lieu à trois lieues de cette ville entre les nommés Bretigny et La Jeunesse, d'une part, et la Toursigny et Guittière, d'autre part, dans lequel combat ledit Bretigny a été tué sur la place et ledit La Jeunesse blessé de quatre coups d'épée. — E 1725.

Nous faisons suivre cette liste du texte intégral d'un des arrêts qui y sont cités. On verra par cet exemple quel peut être l'intérêt de ces documents. Nous choisissons l'arrêt du 3 mai 1664, E 371ᴬ, n° 10, qui concerne une paroisse du Bas-Poitou.

« Veu au Conseil du Roy la requeste présentée en iceluy par Denis Miraillet, commis à la recepte des tailles de l'élection des Sables-d'Olonne, contenant qu'ayant esté obligé de

faire juger une solidité par les officiers de ladite élection
contre quelques particuliers habitans de la paroisse de Beaulieu pour la taille de 1660, dont ils sont en demeure, et
s'estant transporté avec ses huissiers dans ledit bourg de
Beaulieu pour la faire mettre à exécution contre Jean Chabot,
sieur de la Richardière, les habitants du lieu se seroient
tumultueusement assemblez avec armes à feu et auroient
fait périr ledit Miraillet et ses huissiers sans l'assistance du
séneschal du lieu, qui s'y serait porté, comme il devoit, dans
lequel tumulte l'un desdits habitans nommé Jean Buffet
auroit esté tué ; de quoy les officiers de ladite élection ayant
informé à la requeste du procureur du Roy et dudit Miraillet,
et le séneschal de la chastellenie de Lugdieu, où le corps dudit Buffet auroit esté levé, ayant aussy informé à la requeste
de Julienne Michon, sa vefve, et l'information desdits
officiers de l'élection ayant esté veue par le sieur Pellot,
lors intendant de la province de Poictou, il avait décrété
prise de corps contre ledit Richardière, sa femme, son fils
et son gendre et contre les nommez Guillaume Gillezeau,
dit la Vigne, et Jean Baritan, qui avoient excité la sédition,
et ordonné que le procès leur seroit fait et parfait par
Maistre Perroteau, lieutenant en ladite élection des Sables
jusques à jugement diffinitif exclusivement, pour, le tout
raporté, estre par luy ordonné ce que de raison, et cependant sursis à l'exécution des décrets qui pourroient avoir
esté rendus par ledit juge de Lugdieu contre ledit Miraillet
et ses huissiers avec deffenses aux parties de se pourvoir
ailleurs que devant ledit Perroteau ; au préjudice de laquelle ordonnance certaines personnes d'autorité, qui de-
meurent en ladite paroisse et qui sont bien aises d'em-
pescher que leurs mestayers et autres gens qu'ils protègent ne
payent la taille qu'ils doivent, à cause de quoy ladite paroisse
et si fort en reste, auroient fait faire d'autres informations pardevant le lieutenant criminel de Poictiers, et en vertu du décret
qu'ils en auroient obtenu taschent journellement d'attenter à la

personne dudit Miraillet et de ses huissiers qui n'ont plus la liberté d'aller à la campagne, ce qui empesche le recouvrement des deniers de Sa Majesté ; veu aussy l'information faite ledit jour par le juge de Lugdieu, l'ordonnance du sieur Pellot du xvii octobre ensuivant, autre information faite par ledit Perroteau le vii janvier dernier à l'encontre de Daniel Robineau, Simon Fromantin, le nommé Mornu, sieur de la Giltière, le nommé Dorineau, sieur de Boissableau, et autres complices de l'enlèvement et évasion de François Charruyau, l'un des collecteurs de la parroisse de Beauvoir l'année 1662, que les huissiers dudit Miraillet avoient arresté prisonnier ; ouy le raport du sieur Marin, conseiller du Roy en ses conseils et intendant des finances, le Roy en son Conseil a ordonné et ordonne que toutes les informations et procédures faites tant par les officiers de l'élection des Sables et le subdélégué dudit sieur de Fortis (*sic*) seront aportées au greffe du Conseil pour icelles veues et raportées audit Conseil, estre ordonné ce que de raison, et cependant sera surcis à l'exécution de tous decrelz de part et d'autre.

Signé : Seguier, Villeroy, Marin, d'Aligre. A Paris, le samedy troisième may mil six cent soixante-quatre. »

www.ingramcontent.com/pod-product-compliance
Lightning Source LLC
Chambersburg PA
CBHW061810040426
42447CB00011B/2579